Der Richter

von Benjamin C. Frühbauer

Dramatis Personae:

Der Richter

Madame Justitia

Der Tod

Der Angeklagte

Der Teufel

2. Auflage
© 2013 Benjamin C. Frühbauer

1. Auflage 2012

Herstellung und Verlag:
BoD - Books on Demand, Norderstedt
ISBN 978-3-8482-0360-4

Szene 1:
Leerer Gerichtssaal, in der Mitte ein Tisch

Der Richter tritt herein und sieht sich um

Richter:
Nun werden wir sehen, wohin wir gekommen sind.
Lang ist's her, seit dies alles begann.

setzt sich auf einen Tisch

Ja, ich erinnere mich sehr wohl.
Meinen Posten hab ich ja schon seit jeher inne. Enormer Wandel ist seit damals eingezogen. Der moderne Mensch reitet nun hoch zu Paragraph. Das Rittertum der Neuzeit ist's. Heute klaubt man Worte der Beeren statt. Alles Gesagte wird ausgenommen wie ein toter Fisch und sogleich auf Haken untersucht. Sei's drum. Viele Fälle liegen noch vor mir. Schauen wir, wohin es sich wendet. Zeit hab' ich ja noch mehr als genug. Und an Arbeit wird's nie mangeln.

der Richter verschränkt die Arme hinter dem Kopf und legt sich auf die Tischplatte

Das Heute liegt aber noch vor mir.
Spannend wird's dieser Tage werden. Viele Fälle hab ich schon hinter mir und dennoch werd ich stets nervös. Mein Hammer entscheidet über viel zu Wichtiges, als dass ich ihn ohne Bedenken schwingen könnte.

Die Zukunft so mancher Seelen hängt von mir ab. Ohne die Wiedergeburt käme ich nie mehr aus diesem Raum. Doch jemand muss über das Schicksal derer richten, welche eingehen in die Ewigkeit. Gottes Gesetze vertrete ich, doch dies ist nicht so einfach. Bei einem Gott der Vergebung ist es schwer, Recht und Unrecht voneinander zu trennen. Doch Madame Justitia wird mir wie auch sonst gut zur Seite stehen. Wo steckt sie eigentlich? Ich hatte erwartet sie bereits hier anzutreffen.

Madame Justitia betritt den Saal

Justitia:
Was muss ich sehen? Habt Ihr für heute eine neue Sitzordnung angedacht? Bequem mag sie wohl sein, aber ich bin mir nicht sicher, ob diese Haltung gut in einen Gerichtsaal passt. Wollt Ihr eine Renaissance heraufbeschwören? Das würde mich freuen, mein Latein ist ohnehin schon etwas eingerostet. Etwas Übung hier im Saal täte gut.

der Richter steht auf

Richter:
Meine Teure!
Es freut mich wie immer, Euch zu sehen.

der Richter geht zu Madame Justitia und küsst ihr die Hand

Keineswegs werde ich die Antike wiederbeleben. Diese Epoche ist für mich abgehakt, obwohl diese viele große Geister in diesen Raum führte. Auf die Gegenwart aber konzentriere ich mich und diese ist mindestens ebenso hoffnungsvoll wie bitter.

Justitia:
Wovon sprecht Ihr?

Richter:
Nun ja…
Lasst es mich so sagen: Die Menschen dieser Zeit haben sich um zumindest den Teil verschlechtert, um den sich einige wenige verbessert haben.
Die Zeit hat einige faire Systeme hervorgebracht und bietet Chancen, die man sich vor nicht allzu langer Zeit nicht einmal hätte vorstellen können. Doch selten noch gab es so viel Egoismus wie in dieser Epoche. Auf die Theozentrik folgte einst die Anthropozentrik.
Jetzt ist's die Egozentrik.
Der Kapitalismus schreitet voran wie keine andere Religion es bisher vermocht hätte.
Wer auf der Straße des Lebens aus Rücksicht bremst, wird sofort von dieser abgedrängt. Doch auf der anderen Seite kommt der Mensch dem immer näher, was Gott für ihn einst vorsah.
Er beginnt selbstständig zu denken und zu handeln. Er entwickelt eine Moral, die ihm nicht unbedingt von einer großen Religion vorgeschrieben wird.

Immanuel Kant sagte einst, jeder Mensch solle sich so verhalten, dass sein Verhalten als Vorlage einer Gesetzgebung zum Wohle aller dienen könnte. Dieser Mann wusste gar nicht, wie sehr er damit die Wahrheit traf.

Doch Luzifer ist am Kochen. Der Teufel fängt an, sich in seinen Gefilden sehr einsam zu fühlen und er gibt mir die Schuld dafür. Er behauptet, ich wäre verweichlicht und ich würde den Menschen zu vieles einfach so durchgehen lassen. Doch halte ich mich nur an die Edikte Gottes. Wer mit seinem Gewissen im Reinen ist, den möge ich nicht in die Hölle schicken, denn all seine Taten wurden ihm dann bereits vergeben. Doch frage ich mich immer mehr, ob es so etwas wie das Gewissen noch gibt und falls ja, warum scheint mir, dass es bei so vielen Menschen einfach schläft?

Justitia:
Wollt Ihr die Gesetze Gottes in Frage stellen? Wollt Ihr die Ordnung, wie wir sie kennen, über den Haufen werfen? Ihr spielt ein gefährliches Spiel, Euer Ehren. Wenn Ihr beginnt, an diesem Gericht zu zweifeln, wer soll sich dann noch auf Euren Rechtsspruch verlassen? Wie Ihr sagtet, gibt es der schlechten Menschen genug. Der Teufel muss doch an ihnen gesättigt sein.

Richter:
Ich denke, Ihr habt das Problem dabei nicht ganz verstanden. Seit es den kategorischen Imperativ gibt, denken viele Leute, ihr Verhalten könne als Grundlage einer Rechtssprechung dienen. Eine Kleinigkeit wird dabei jedoch gerne übersehen. Das Gemeinwohl. Dieses kommt hier meist etwas zu kurz. Da solche Menschen aber wirklich an die Richtigkeit ihres Handelns glauben, ist ihr Gewissen rein, wenn sie schließlich bei mir landen. Und an diesem Punkt macht mir der Teufel die Hölle heiß.

Justitia:
So schlagt Ihr eine Änderung dessen vor, was bereits ewig währt. Auch wenn dies bei den Menschen auf der Erde schon des Öfteren vorkam, würde es hier die gesamte himmlische Ordnung umstoßen. Gott hat das Gewissen zur entscheidenden Macht erhoben und was sonst vermag die Menschen so zu beurteilen, dass keinem ein Unrecht angetan würde. Gewiss, wir alle sind in der Lage objektiv zu denken, doch wird es immer Faktoren geben, welche uns beeinflussen könnten. Unfehlbar ist nur der Herr allein, doch dieser hat seit jenen Ereignissen zu Zeiten Noahs jegliche Verantwortung gegenüber den Menschen bereitwillig abgelegt. Lediglich über seine eigenen Hallen herrscht er noch, doch auch in diesen lässt er sich nur mehr selten blicken.

Woran das jedoch liegt, vermag keiner so
genau zu sagen, allerdings wird er
bestimmt seine Gründe dafür haben.
Plant er etwas? Womöglich. Vielleicht wird
demnächst ein Schritt von seiner Seite aus
getan werden.

Richter:
Oder er versinkt in Melancholie. Gott
schuf den Menschen nach seinem Ebenbild,
wieso also könnte ihm so etwas nicht auch
passieren? Eventuell sieht er genau das,
wovon ich spreche. Vielleicht sehnt er
sich nach alten Zeiten, da man sich auf
das Gewissen der Menschen noch verlassen
konnte. Unter den gegebenen Umständen
könnte sogar der schlimmste aller Fälle
eingetreten sein.

Der Richter schweigt und blickt zu Boden

Justitia:
Wovon sprecht Ihr, Euer Ehren?
Erklärt Euch, bitte!
Was meint Ihr, mit diesem schlimmsten Fall?
Ich mache mir große Sorgen, dass Ihr Recht
haben könntet.

Der Richter geht langsam in Richtung Türe

Richter:
Noch nicht.
Die Zeit wird kommen, zu der sich diese
Antwort von selbst preisgegeben wird.
Doch in der Zwischenzeit möchte ich meiner
Berufung nachkommen, während ich hoffe,
dass dieser Tag nie kommen möge.

Der Richter verlässt den Saal, Madame Justitia steht kurze Zeit wie erstarrt im Raum

Justitia:
Niemals noch.
Niemals noch habe ich ihn so gesehen.
Niemals noch habe ich ihn so gesehen wie am heutigen Tage.
Hat er Recht?
Ist das, was er denkt, ähnlich dem, was ich denke?
Der Gedanke daran erfüllt mich mit Angst.
Was, wenn er richtig liegt?
Was kann geschehen?
Oh Herr!
Gib mir Kraft.
Niemals noch fühlte ich eine solche Beklemmung wie am heutigen Tage.
Niemals noch fühlte ich diese Beklemmung.
Niemals noch.

Alle lichter gehen aus. Es wird stockfinster

Justitia:
Er darf nicht Recht haben.
Es darf nicht geschehen.
Aber, wenn es geschieht,…
Nein. Wird es nicht.

Szenenende

<u>Szene 2:</u>
Gerichtssaal. Der Richter und Madame
Justitia sitzen jeweils auf ihren Plätzen

Der Tod betritt den Saal

Tod:
Heute wird ein großer Tag,
hier bin ich nun, doch sag,
Richter, was kommt auf uns zu,
ein Freispruch, ganz im Nu?
Oder geh ich darin richtig,
dass dieser Tag wird ziemlich wichtig?
Gerüchte hör ich auf den Gängen,
übertrieben wird dabei um Längen,
doch seid gewarnt,
der Tod weiß viel.
Gut getarnt.
Ich höre viel.
Und heute, sag ich,
nehmt Euch in Acht,
weil irgendwann kommt uns die Nacht.

Richter:
Versucht nicht, mir die Fassung zu rauben,
denn diese habe ich gerade vorhin noch
wiederfinden können. Ich war mir sicher,
dass auch Euch die neuesten Entwicklungen
nicht entgehen würden und durchaus wusste
ich, dass Ihr diese früher oder später
auch ansprechen würdet, doch sagt mir
eines, bevor wir den Angeklagten holen:
Warum gerade heute? Gibt es einen Anlass,
das Feuer der Befürchtungen zu schüren?

Tod:
Nun ja, Euer Ehren,
wie könnt' ich's Euch verwehren.
Und ob, Ihr habt Recht,
das Thema ist schlecht,
doch die heutige Leich',
die machte mich weich.
Die Geschichte dieser Seel'
machte daraus keinen Hehl,
dass was sie erlebt,
das Gewissen bewegt.
Der Angeklagte hat sich nie schuldig
gemacht,
doch hat an seinem Gewissen sich Schuld
haftend gemacht.

Richter:
So führt ihn herein. Ich möchte sehen, wen
Ihr mir hier bringt. Nicht viele vermögen
sogar dem Tod ein wenig von seiner Fassung
zu nehmen.

Tod:
Wohlan,
wie Ihr gesprochen,
so getan.

Der Tod verlässt den Raum

Richter:
Jetzt fühle ich mich nicht gerade besser.
Gerade die Ruhe des Todes konnte mir die
meine bis jetzt immer zurückbringen, doch
sogar der Gevatter wirkt etwas nervös.
Soll die Entscheidung wirklich schon heute
fallen, Justitia?

Justitia:
Niemand vermag zu sagen, was die Zukunft
bringt. Die Vorhersehung gibt es nicht.
Genauso kann es sein, dass wir bald
darüber lachen, worüber wir uns heute noch
die größten Sorgen machen. Doch wenn heute
der Tag gekommen sein soll, an dem die
Entscheidung fällt, dann bin ich schon
sehr auf den Ausgang dieses Ereignisses
gespannt. Lasst uns jedoch trotzdem so
verfahren, wie wir dies stets zu tun
pflegten.
Da kommt auch schon der Angeklagte.

*Der Angeklagte betritt den Raum, dicht
gefolgt vom Tod*

Tod:
Hier kommt er schon,
der Angeklagte,
der, kürzlich erst, dem Leben entsagte.

Richter:
Setzen Sie sich bitte, Herr Angeklagter.

Angeklagter:
Danke, Euer Ehren.

*Der Angeklagte setzt sich, direkt neben
ihm lässt sich der Tod auch auf einem
Sessel nieder*

Justitia:
Herr Angeklagter, ich heiße Sie bei der
Verhandlung über Ihr Leben und Ihre Taten
willkommen. Diese Verhandlung wird so
lange andauern, bis wir eine endgültige

Entscheidung über Ihre Seele getroffen haben. Ich bin Madame Justitia und zuständig für das Protokoll. Der Richter wird Ihnen einige Fragen stellen, die dann zu einer Entscheidung führen werden. Der Tod dient als Ihr Berater und gleichzeitig als Gerichtsdiener. Haben Sie noch irgendwelche Fragen, bevor wir anfangen?

Angeklagter:
Danke Madame, ich werde die Dinge einfach so nehmen, wie sie kommen.

Justitia:
Also dann. Die Verhandlung ist hiermit offiziell eröffnet. Möge die Entscheidung gerecht fallen.

Richter:
Herr Angeklagter, ich komme gleich zur Sache. Ich möchte mir ein möglichst gutes Bild von Ihrem Leben machen und werde entsprechende Fragen stellen. Es macht jedoch keinen Sinn zu lügen, da es erstens nur Ihre eigene Seele ist, die Sie betrügen würden und zweitens der Tod jede Lüge sofort spüren würde. Haben Sie das verstanden?

Angeklagter:
Jawohl, Euer Ehren.

Richter:
Gut.
Was haben Sie zum Zeitpunkt Ihres Todes gemacht?

Angeklagter:
Fangen Sie denn immer von hinten an, Euer Ehren?

Richter:
Jedes Mal. Ein Mensch sollte immer nach seinen jüngsten Taten beurteilt werden und je weiter etwas in der Vergangenheit liegt, umso leichter sollte es wiegen.

Angeklagter:
Ich verstehe. Zum Zeitpunkt meines Todes war ich in meinem Haus und habe nachgedacht. Man könnte es auch meditieren nennen.

Richter:
Was haben Sie dabei erlebt?

Angeklagter:
Ich habe mich auf den Tod vorbereitet. Ich habe schon einige Wochen, bevor ich meine Hülle auf Erden verließ, gespürt, dass mein Ende nahte. Ich wusste aber nicht, ob ich schon soweit war. Ich habe mich in mich zurückgezogen. Ich habe gefastet, gebetet und nachgedacht. Ich habe mein Leben noch einmal reflektiert, um zu wissen, was mir von eben diesem geblieben ist. Mit jedem Tag habe ich mehr gespürt, dass es soweit war. Schließlich schlief ich ein. Ich spürte die Wärme dessen, was weder „Sein", noch „Nicht-Sein" war. Und dann stand ich in der Sonne. Auf einem Strand aus weißem Sand. Ich sah das Meer. Und ich sah weite, grüne Landschaften.

Dort holte mich der Gevatter und dann war ich hier.

Richter:
Also haben Sie bereits über Ihr Leben nachgedacht?

Angeklagter:
In der Tat.

Richter:
Und? Was sagen Sie?

Angeklagter:
Wie? Ihr meint mein Leben? Ich bin mir nicht ganz sicher. Mir fiel alles wieder ein, was ich je getan und gedacht hatte. Doch hat mir das mein Ende erschwert. Zu gemischt sind meine Gefühle über meine Taten. Mein Herz ward mir schwer, als ich Gelegenheiten sah, die ich zum gegebenen Zeitpunkt verpasst hatte. Mein Verstand sagt mir zwar, dass ich alles in meiner Macht Stehende getan habe, doch mein schlechtes Gewissen lastet stark auf mir.

Richter:
In der Tat. Der Tod hatte zwar bereits so etwas angedeutet, dennoch überraschen mich Ihre Worte. Ich möchte sogleich auch betonen, dass meine Entscheidung stark von Ihrem Gewissen abhängig ist, aber dennoch möchte ich mehr hören. Ich habe in letzter Zeit über viele Seelen gerichtet, die zwar im Leben ein Scheusal dargestellt hatten, aber dennoch von Ihrem Gewissen beruhigt worden waren, sodass ich gerne wissen möchte, was Sie in Ihrem Leben getan haben

könnten, dass es Ihnen ein schlechtes
Gewissen bereitet. Also: Was war es? Haben
Sie sich in irgendeiner Weise in einer
Sache schuldig gemacht, dass diese Ihr
Gewissen nicht mehr in Ruhe lässt?

Angeklagter:
Ich habe meine Zeit auf der Erde nicht
genützt. Erst lebte ich nur für andere,
anstatt für mich selbst und irgendwann
dann verlor mein Leben seinen Sinn.

Richter:
Aber Sie haben nicht gesündigt, oder?
Gevatter, als Ihr diese Seele abgeholt
habt, wies sie da einen Makel auf? Hat
sich der Geist, der hier ins Nirwana zog,
irgendeiner schweren Sünde straffällig
gemacht?

Tod:
Wie ich schon sagte,
seine Seele, obwohl diese klagte,
gereinigt vom Bösen,
doch gab's kein Erlösen.
Die Taten sprechen gut,
doch sein Gewissen niemals ruht.

Richter:
Angeklagter. Präzisieren Sie bitte, was
Sie vorher sagten. Wo blieb Ihr Leben, für
das Sie, wie Sie sagten, keinen Platz
fanden?

Angeklagter:
Um das zu erklären, müsste ich sehr weit
ausholen. Es könnte länger dauern, dieses
Dilemma in all seinen Facetten hier und
heute auszurollen. Haben wir genügend Zeit,
für diese Angelegenheit? Denn mein
Gewissen verlangt von mir, dass ich meinen
letzten Weg in die Hölle antrete. Ich bin
mir nicht sicher, ob irgendetwas, das ich
über mich erzählen könnte, daran etwas
änderte.

Richter:
Den Wunsch, in die Hölle zu kommen, höre
ich hier nur noch allzu selten. Doch genau
das macht mich neugierig. Ich möchte alles
wissen. So genau wie möglich. Die heutige
Entscheidung, die Entscheidung über Ihren
Platz in der Unendlichkeit, könnte vieles
verändern, ja vielleicht sogar eine alte
Ordnung umstoßen. Ob Sie das verstehen,
maße ich mir an zu bezweifeln, aber Sie,
Herr Angeklagter, sind etwas Besonderes.
Kommen Sie. Erzählen Sie mir alles.

Angeklagter:
Wie Euch beliebt.
Ich kann Euch mein Gewissen nicht erklären.
Eine Geschichte aber kann das Nötige tun.

der Angeklagte machte eine kurze Pause

Ich war immer schon anders. So weit ich
mich entsinnen kann, war ich schon als
Kind immer sehr ernst. Ich hielt es damals
auch für richtig so. Ich tat, was man
verlangte.

Ich unterließ, was zu unterlassen mir vorgegeben war. Und ich hielt für richtig, was man mich als richtig sehen ließ. Daher hielt ich auch meinen Ernst für richtig. Bis ich beinahe neunzehn war, brach ich kein einziges Gesetz. Ich gab mich niemals dem Rausch hin. Ich führte ein gottesfürchtiges Leben. Zumindest würde jeder Katholik, wie meine Eltern es auch waren, es so definieren. Doch ich hatte immer ein gewisses Gefühl der Leere tief in mir. Manchmal weinte ich ohne ersichtlichen Grund. Mit Siebzehn fiel mir einmal auf, dass ich durch viele Tage hindurchlebte, ohne ein einziges Mal zu lachen. Ich war im vollen Besitz meines Geistes und doch fand ich einfach nicht heraus, woran es lag, dass ich mich derart fühlte. Für viele Menschen war ich damals der Inbegriff der Vernunft und der Rationalität und es wurde mir eine große Zukunft vorhergesagt.

Doch was wissen die Menschen schon! Wahrscheinlich hätte ich alles erreichen können. Reichtum, Macht und alles was sich andere so erträumen, standen mir offen. Doch was wirklich zählt, das ist das Leben. Doch viel zu spät kam ich zu dieser Erkenntnis. Ich wurde reich. Ja. Wie man es mir vorhergesagt hatte. Ich war einige Zeit als Politiker tätig. Ja. Damals hielt man mich zumindest für mächtig, wie man es mir vorhergesagt hatte. Ich heiratete und bekam eine großartige Familie. Ja. Wie man es mir vorhergesagt hatte. Doch irgendwann geschah dann etwas, mit dem ich hätte rechnen sollen. Doch das habe ich nicht.

Wer sein Leben nicht lebt, der kann das nicht nachholen. Im Gegenteil. Die Zeit in der man nicht wirklich lebt, die wird einem dann von dem, was danach hätte kommen sollen noch abgezogen. Ich war damals gerade über vierzig, als…

Der Angeklagt fängt an zu schluchzen und vergräbt sein Gesicht in seinen Händen

Justitia:
Was ist denn nun? Was ist geschehen? Sammeln Sie sich, Herr Angeklagter. Sie haben alles bereits hinter sich. Trauern Sie nicht über etwas, was Sie nicht mehr ändern können!
Euer Ehren!
Was wird jetzt?

Richter:
Ich verstehe das nicht. Die Seele wird doch vom Schmerz gereinigt, sobald sie von ihrer irdenen Hülle befreit ist. Gevatter! Was kann schief gegangen sein? Erklärt, was hier los ist!

Tod:
Nicht jede Seele wird geheilt,
so manche noch danach der Schmerz ereilt.
Selten haben wir's bis jetzt erlebt,
dass die Menschlichkeit weiter noch besteht.
Was wir hier haben, das ist gewiss,
ist zwischen den Welten ein ungewollt'
Riss.

Justitia:
Und was machen wir nun?

Richter:
Ich bin mir nicht sicher. Ich fürchte meine nächste Entscheidung könnte diejenige sein, von der wir heute bereits sprachen.

Justitia:
Meint Ihr? Aber selbst wenn, was werden wir jetzt unternehmen? Wir können nicht einfach herumsitzen und so tun, als wüssten wir von nichts!

Der Angeklagte hebt seinen Blick

Angeklagter:
Darf ich fragen, über was zur Hölle hier gesprochen wird?

Richter:
Selbstverständlich dürfen Sie fragen, aber selbst wenn ich es wollte, dürfte ich Ihnen nicht antworten. Gevatter was schlagt Ihr nun vor? Sollen wir weitermachen?

Tod:
Weitermachen?
Wir müssen erwachen!
Irgendetwas muss geschehn,
sonst werden wir in Rauch aufgehn.

Justitia:
Noch nie hat es so etwas gegeben. Das Protokoll schreibt eine Verhandlung ohne

Pause vor. Doch eines ist mir gewiss: Wir müssen uns dringend im Stillen beraten. Eine Pause muss eingelegt werden. Der kleinste Fehler könnte uns heute teuer zu stehen kommen.

Richter:
Das heißt dann, dass wir heute das Protokoll missachten müssen.

Angeklagter:
Was ist hier los? Habe ich etwas getan? Ich sagte doch bereits: Mein Gewissen verlangt von mir, meine gerechte Strafe in den Gefilden des Teufels entgegenzunehmen. Ich möchte es so.

Richter:
Und dennoch habt Ihr nichts dergleichen getan, was es nötig machte, dass Sie die Ewigkeit in der Hölle verbringen. Wir müssen uns zur Beratung zurückziehen.

Ein lauter Knall geht durch den Saal. Der Bodon fängt an zu brennen und als die Flammen dann nach einigen Augenblicken verschwinden, steht der Teufel inmitten des Gerichtssaales.

Teufel:
Was soll das hier! Möchte man mich denn um jedes meiner Wölfchen bringen? Hier hat gerade eine Seele darum gebeten in meiner Küche zu schwitzen und Ihr, Euer Ehren, wollt ihr diesen Wunsch verwehren! Möchtet Ihr mir vielleicht erklären, was das soll?

Tod:
Lasst Euch nicht so berühren,
das würd' ins Unglück uns alle hier führen!
Dieser Mensch ist rein von jedweder Schuld.
Hört ihn an, zeigt etwas Geduld.
Falls wir heute etwas überstürzen,
kann es schon morgen ins Verderben uns
stürzen.

Teufel:
Was meint Ihr, Gevatter? Gerade von Euch
hätte ich etwas Vernunft erwartet. Was
kann diese Seele schon sein, dass es Euch
bekümmert?

Richter:
Bitte, Vater der Hölle, setzt Euch erst
einmal. Ich werde sofort alles erklären.

Der Teufel setzt sich

Teufel:
Nun?

Richter:
Wir haben Bedenken, der schlimmste Fall
wäre schlussendlich doch eingetreten.

Teufel:
Werdet konkret, Herr Richter.

Richter:
Also gut. Wie Ihr wisst, habe ich in
letzter Zeit sehr wenige Seelen zu Euch
hinabgeschickt.

Teufel:

Sehr   richtig!
Daher auch mein unerwarteter Besuch. Mir
scheint fast, als wünschtet Ihr Euch, dass
ich in meiner Hölle vereinsame.

Richter:
Nun lasst mich doch erst einmal erklären!
Und unterbrecht mich nicht, denn auch wenn
Ihr über den gesamten Abschaum dieser Welt
regiert, habt Ihr noch lange nicht die
Ordnung in meinem Gerichtssaal zu stören.

Teufel:
Verzeiht.

Richter:
Dann also weiter. Ich habe mich bei meinen
Entscheidungen immer an das Gesetz Gottes
gehalten, welches vorschreibt, dass alle
Seelen, die frei von schlechtem Gewissen
sind, in die himmlischen Gefilde wandern
können, waren ihre Taten auch noch so
fragwürdig. Und genau das ist es, was mich
des Nachts nicht mehr ruhig schlafen ließ.
Ich sah in letzter Zeit sehr viele
schlechte Taten, die der rachsüchtige
Vater Gottes noch mit schlimmerem als der
Hölle selbst bestraft hätte, auf die das
Gewissen der Täter aber nicht zu reagieren
schien. Unser Gott ist der Gott der
Vergebung. Doch heute kam eine Seele in
diesen Saal, die sich dessen schämt, was
sie auf Erden getan hat. Jedoch sehe ich
keine Sünde. Jetzt frage ich mich: Soll
jenen vergeben werden die sündigen, aber
jenen, die es nicht tun, nicht?

Teufel:
Ihr wollt sagen Gott wäre…

Justitia:
Sprecht es nicht aus!
Noch nicht. Nicht so lange wir uns nicht sicher sein können. Wir wissen nicht, was für Konsequenzen dies nach sich ziehen könnte.

Teufel:
Jawohl Madame.
Was Ihr sagt, beunruhigt mich, Euer Ehren. Jedoch bin ich nicht überzeugt, ob das, was Ihr sagt, auch stimmt. Ich möchte hören, was dieser Mensch getan hat, als er noch ein Geschöpf der Erde war. Und zwar vom Anfang bis zum Ende.
Na los!
Fangt an, gepeinigte Seele. Bevor ich euch noch größere Pein bereite.

Angeklagter:
Euer Ehren?

Richter:
Tut es. Auch wenn er der Teufel ist, ist er nicht schlechter als die meisten Menschen. Und als einer der göttlichen Splitter ist es nur gut, wenn er in alles eingeweiht ist. Unter Umständen wird sogar er es sein, der die Ordnung im Himmel wahren kann.

Justitia:
Bitte tut es. Und lasst nichts aus. Wir müssen alles wissen, um eine gute Entscheidung zu fällen.

Tod:
Jetzt fangt an, erzählt,
sodass noch Hoffnung für die Zukunft besteht.

Angeklagter:
Also   gut.
Doch lasst mir kurz Zeit, mich zu sammeln. Bitte. Eine Stunde. Damit ich darüber sinnen kann, wie ich mein Leben am besten vor Euch ausrollen kann, Euer Ehren.

Richter:
Eine Stunde. Diese Zeit sei Ihnen gewährt. Doch mehr kann ich Ihnen nicht versprechen. Was Sie heute noch sagen werden, wird wichtiger sein, als Sie sich vorstellen können. Gerade deshalb darf nicht zu viel Zeit verstreichen.

Der Angeklagte geht aus dem Saal, hinter ihm der Tod.

Richter:
Nun hoffen wir, dass dieser Tag besser zu Ende geht, als er angefangen hat. Hoffen wir, dass wir uns irren.

Alle Lichter gehen aus. Es wird stockfinster

Teufel:
Wir werden sehen.
Wir werden sehen.

Szenenende

Szene 3:
Ein kleines, rundes Zimmer. In der Mitte steht ein Tisch mit drei Stühlen. Herein kommt der Angeklagte, gefolgt vom Tod.

Tod:
Hier könnt Ihr in Ruhe sinnen,
doch lasst nicht zu viel Zeit verrinnen.
Denkt gut nach, versucht zu begreifen.
Ihr werdet noch heut' die Fäden des Schicksals ergreifen.

Angeklagter:
Ich danke Euch, Gevatter. Lasst mich bitte allein. Doch zuvor beantwortet mir bitte eine Frage.

Tod:
Jederzeit.

Angeklagter:
Wieso?
Wieso bin ich so wichtig?
Was ist es, das mich so besonders macht?
Was ist es, das sogar dem Teufel Bedenken aufzwingen kann?

Tod:
Ihr wisst schon Bescheid,
wollt nur meinen Eid.
Die Antwort ist da, tief in Euch drinnen.
Jedoch müsst für Euch selbst sie ersinnen.

Der Tod verlässt den Raum.

Angeklagter:
Was ist es, das mich so besonders macht?
Was ist es, das sogar dem Teufel Bedenken
aufzwingen kann?
Nun stehe ich hier. In Luzifers Küche
sollte ich jetzt eigentlichen schmoren. So
wie es mein Gewissen verlangt. Doch wieso
nicht?
Wieso nicht?

Der Angeklagte setzt sich.

Angeklagter:
Mein Leben soll ich ihnen beschreiben.
Doch was soll ich sagen? Zu viele Facetten
hat meine Geschichte. Zu viel ist
geschehen, als dass ich alles davon
erzählen könnte. Von zu vielen Faktoren
wird mein Gewissen beeinflusst, als dass
man mich verstünde. Zeit. Ja genau das
bräuchte ich. Viel davon. Dann würde man
mich vielleicht verstehen. Doch es scheint
ganz so, als gäbe es vor der Ewigkeit noch
einen kleinen Engpass dieses irdenen Gutes.
Doch was kann das alles bedeuten?
Nicht grundlos wird man mir den Wunsch
verwehren, in die Hölle zu kommen. Das
Gewissen entscheidet. Doch der Richter
zweifelt die Entscheidung von meinem
dennoch an. Wahr sind seine Worte schon.
Viele Menschen scheinen ihr Gewissen an
ihr Ego verloren zu haben. Schon auf der
Erde kann man dies beobachten. Ich behielt
mein Gewissen. Ist dies eine neue
Generation? Vielleicht hat sich das, was
einst geltend war, ins Gegenteil verkehrt.
Nicht die mit gutem Gewissen sollen in den

Himmel, sondern jene, die überhaupt noch eines besitzen. Sinn würde es ja ergeben. Doch woher kommt die Angst, die der Richter, Madame Justitia, der Teufel und sogar der Tod teilen?
„Die Antwort ist da, tief in Euch drinnen. Jedoch müsst Ihr selbst sie ersinnen."
Die Antwort ist da. Ich kenne sie schon. Nach meinem Weg in die Hölle ginge alles seinen gewohnten Lauf. Das Gewissen würde weiterhin über die Ewigkeit entscheiden. Doch der Richter selbst, der im Auftrag Gottes arbeitet, bezweifelt die Richtigkeit dieser Gesetze. Er will sie missachten. Nein. Die Gesetze Gottes können nicht missachtet werden. Gott ist unfehlbar.
Oder ist er es nicht?
Ist es das, wovor sie sich fürchten?
Seit jeher war Gottes Unfehlbarkeit unbestritten, doch heute kommen Dinge ins Rollen. Dem Herrn selbst könnte heute seine Fehlbarkeit nachgewiesen werden. Das ist die Antwort.
Mein Gott.
Das darf nicht sein.
Was würde geschehen?
Auf keinen Fall könnte die Welt nicht so weiterexistieren wie bisher. Nicht mit einem Gott, der Fehler macht.
Doch was dann?
Würde sich das Sein in Nicht-Sein verwandeln?
Würde schwarz zu weiß werden und gut zu schlecht?

Mein Gott, hilf mir. Gib mir die Weisheit zu entscheiden. Gib mir ein Zeichen. Zeig mir, dass ich falsch liege.

Der Angeklagte vergräbt sein Gesicht in seinen Händen

Angeklagter:
Bitte.
Bitte, Zeig mir, dass ich falsch liege.

Die Stimme des Teufels dringt durch die Tür

Teufel:
Dann fragt ihn zumindest, ob er bereit ist, mit mir zu reden. Seine Antwort wird er mittlerweile haben und falls nicht, werde ich seine Gedanken auf den richtigen Pfad bringen.

Der Angeklagte blickt auf in Richtung Tür

Teufel:
Sorgt Euch nicht, Gevatter. Auch meine Existenz steht auf dem Spiel und seine Seele hat er mir bereits angeboten, auch wenn sie abgelehnt werden musste.

Die Türe öffnet sich und der Tod blickt hinein

Tod:
Der Teufel wünscht eine Audienz,
doch diese wird sicher kein Lenz.
Gewährt Ihr ihm Einlass,
sonst schick' ich ihn weg.

Angeklagter:
Lasst ihn nur herein Gevatter. Ich glaube,
der Teufel ist in diesem Fall der richtige
Mann, dieses Dilemma zu lösen, auch wenn
dies schwer zu glauben sein mag.

*Der Tod tritt zur Seite, der Teufel kommt
durch die Tür, die sich direkt hinter ihm
schließt.*

Teufel:
Ich war mir sicher, Sie würden mit
jemanden reden wollen. Haben Sie Ihre
Antwort schon gefunden?

Angeklagter:
Bitte, Teufel, setzt Euch zu mir.
Ich benötige Euren Rat.

Teufel:
Selten höre ich etwas Derartiges, aber
gerne bin ich bereit zu geben, was zu
geben ich in der Lage bin.

*Der Teufel setzt sich dem Angeklagten
gegenüber*

Angeklagter:
Meine Antwort ist düster. Sogar für Euch.
Doch möchte ich, dass Ihr mir verratet, ob
ich mich in ihr auch nicht täusche. Falls
nämlich nicht, könnte das einen Neuanfang
bedeuten.
Jedoch wahrscheinlicher wäre ein Ende.
Das Ende.

Teufel:
Also haben Sie die Antwort gefunden. Natürlich muss diese nach allem, was Sie gehört haben, bereits auf der Hand gelegen haben, dennoch beweisen Sie einen, für einen Menschen beeindruckenden Sinn für die Konsequenzen, die ein solches Ereignis nach sich ziehen könnte.

Angeklagter:
Das bedeutet, es gibt keinen Ausweg?

Teufel:
Nun ja.
Natürlich könnten Sie mit etwas Überzeugungsarbeit den Richter dazu bringen, Sie in die Hölle zu schicken, aber dort wären Sie mehr als fehl am Platz. Mein Rat aber wäre, in den Himmel zu gehen, selbst wenn das, wie Sie so treffend bemerkten, das Ende bedeuten könnte.

Angeklagter:
Und das würdet Ihr wollen?

Teufel:
Es wäre eine Veränderung. So etwas sehne ich schon lange herbei.
Darf ich Ihnen ein Geheimnis anvertrauen?

Angeklagter:
Macht es einen Unterschied?

Teufel:
Wie wahr, wie wahr.

Der Teufel grinst

Teufel:
Ich möchte Ihnen eine kleine Geschichte erzählen.
Sie haben doch gehört, dass der Richter mich einen Splitter Gottes nannte, nicht wahr?

Angeklagter:
Doch, das hörte ich.

Teufel:
Gut.
Einst erschuf Gott die Erde und den Menschen. Dieser Vorgang dauerte zwar etwas länger, als es in den Schriften der Menschen heißt, doch es ist ja das Symbol, das   zählt.
Weiter   im   Text.
Nach einigen Generationen, die der Mensch als vernunftbegabtes Wesen auf Erden wandelte, friedlich, ohne sich je etwas zu schulden kommen zu lassen, kamen Zwillinge zur Welt.
Die Geschichte dieser Zwillinge ist auf der Erde sogar bekannt, allerdings wurde sie leicht verändert. Auf jeden Fall aber waren sich diese Zwillinge nicht immer einig. Einer von ihnen lebte sein Leben so, wie er es für richtig hielt, missachtete aber einige moralische Richtlinien, die er als falsch ansah. Der andere Bruder jedoch lebte ein Leben nach der Religion seiner Eltern und deren Eltern.

Der Teufel steht auf

Teufel:
Dieser Bruder hatte anfangs noch Mitleid mit seinem gottlosen Bruder, doch später wurde es ihm zu viel. Er beschimpfte seinen Bruder als Blasphemiker und wollte ihn wieder zurück auf den rechten Weg bringen. Da machte ihm sein Bruder, der seinen Weg nach wie vor für richtig hielt, einen Vorschlag. Sie beide sollten ein Opfer bringen und Gott solle darüber richten, wem er näher war. Also berieten die zwei Brüder, was ein angemessenes Opfer für ihren Gott wäre. Der religionstreue Bruder sagte in diesem Gespräch dann, dass er für seinen Gott die Hand ins Feuer legen würde, so fest war sein Glaube. Da schlug sein Bruder, der zwar nie bei einem Gottesdienst dabei war, aber dennoch Vertrauen in seinen eigenen Glauben hatte vor, eben diese Hand als Feueropfer zu verwenden. So kam es dann auch. Die beiden Brüder hielten ihre Hände ins Feuer. Gott wollte die Brüder damals prüfen, also ließ er die Hand des einen heil, obwohl dieser keiner der damals anerkannten Religionen angehörte, und der Rauch seines Feuers stieg hoch in den Himmel. Gott wollte sehen, ob er seinen Bruder und dessen Religion dennoch tolerierte. Die Hand des anderen Bruders jedoch ließ er verbrennen und der Rauch sammelte sich wie ein Nebel um ihn herum. Dies sollte seine Hingabe zu Gott und seine Loyalität prüfen.

Der Teufel stützt sich mit beiden Handflächen auf den Tisch

Teufel:
Als nach kurzer Zeit die Verbrennung verheilt war, trafen sich die Brüder. Der Erste bestand seine Prüfung. Er sagte seinem Bruder, dass er ihn liebte, so wie er sei und dass dies auch immer so bleiben werde. Der andere Bruder hatte aber seinen Glauben verloren und er erstach seinen eigenen Bruder noch in derselben Nacht.

Der Angeklagte und der Teufel blicken sich an, sagen jedoch kurze Zeit nichts

Teufel:
Die Menschen nannten die beiden Brüder Kain und Abel. Ich bin sicher, Sie haben schon von ihnen gehört.

Angeklagter:
Allerdings. Doch verstehe ich nicht, was das mit einem Splitter Gottes zu tun haben soll.

Teufel:
In der Tat
Nach dieser Tat des Kain war Gott dermaßen erzürnt, dass er seine beiden Fäuste hart gegen die Erde schleuderte. Die Wucht dieses Hiebes war so groß, dass nicht nur die Erde, sondern auch die Fäuste Gottes zersplitterten.
Aus einem großen Splitter der Erde entstand der Mond, und damit die Nacht, also die dunkle Tageszeit, welche die Menschheit damals als Strafe für ihre Taten auferlegt bekam.

Die Fäuste Gottes hingegen zersplitterten in vier Teile. Aus ihnen entstanden der Tod, der Richter, ich der Teufel, und schließlich der, der jetzt als Gott gesehen wird und für kurze Zeit als Moses, als Buddha, als Jesus, als Mohammed und auch als andere bedeutsame Übermenschen auf Erden wandelte. Für den neuen Gott erschuf der Allvater den Himmel. Der Richter bekam eine Welt zwischen dem Himmel und der Hölle, die für mich geschaffen wurde. Die Erde wurde den Menschen überlassen und der Tod sollte die Seelen der Gestorbenen zwischen den Welten herumführen. Als das alles erledigt war, zog sich der Schöpfergott für immer zurück und verfügte, dass ab diesem Zeitpunkt die Gesetze seines größten Splitters gelten sollten, also die von Gott.
Ich aber wurde zu dem, der über den Abschaum der Welt wachen soll und diesen auch bis in alle Ewigkeit quälen darf. Dabei bin auch ich nicht böse. Ich bin lediglich in eine Rolle gequetscht worden, die die Grausamkeit in mir geschürt hat. Daher wünsche ich mir Veränderung. Daher möchte ich, dass Sie in den Himmel gehen. Daher stört es mich nicht, wenn dies alles mein Ende bedeutet.

Der Angeklagte blickt den Teufel lange und ernst an

Angeklagter:
Dann also ist es entschieden.
Lassen wir den Richter nicht warten.
Lassen wir die Entscheidung nicht warten.

*Alle   Lichter   gehen   aus.   Es   wird
stockfinster*

Angeklagter:
Lassen wir die Veränderung nicht warten.

Szenenende

Szene 4:
Gerichtssaal. Der Richter und Madame Justitia sitzen jeweils auf ihren Plätzen

Richter:
Bald ist sie nun zu Ende, diese eine Stunde.
Dieser allerletzte Aufschub, der uns noch gewährt wurde. Doch wünschte ich, wir hätten dieser Pause nie unsere Zustimmung gegeben. Zu viel Zeit hatte ich, um nachzudenken. Alles was ich nunmehr davon habe sind Bedenken.

Justitia:
Ich verstehe, was Ihr meint, Euer Ehren.
Auch mir vermochte diese Unterbrechung keine Ruhe zu bringen.
Vielmehr bin ich jetzt angespannter als zuvor.

Der Teufel betritt den Saal

Teufel:
Ich sehe, Ihr wartet schon.
Allerdings sehe ich auch, dass diese Pause nicht gerade dazu beigetragen hat, die Stimmung aufzubessern.
Getrübt ist die Atmosphäre in diesem Saale.

Justitia:
Was erwartet Ihr Euch?
An einem Tag wie heute kann niemandem zum Feiern zumute sein.
Viel zu ernst ist diese Angelegenheit.

Teufel:
Ihr habt Recht, Madame.
Jedoch nur in einem Punkt. Diese
Angelegenheit ist ernst. Ohne Zweifel.
Doch frage ich: Ist nicht genau dies der
Grund, weshalb wir frohlocken sollten?

Justitia:
Was sprecht Ihr da?

Teufel:
Denkt nur daran, was heute noch geschehen
wird. Etwas wird geschehen. Etwas
Einzigartiges. Eine Veränderung steht vor
der Tür. Vielleicht sogar mehr als nur
Eine.

Richter:
Wird diese Veränderung auch eine gute sein?
Ich möchte ungern einen möglichen
Untergang feiern. Das Leben, wie wir es
kennen, könnte heute aufhören. Ich
bevorzuge keine Veränderung, wenn diese
eine zum Untergang der Welt führen sollte.

Teufel:
Veränderungen waren es aber, die diese
Welt erst schufen.
In Veränderungen steckt das Leben. Ihr
selbst habt uns heute zu verstehen gegeben,
dass es so nicht weitergehen darf, wie es
momentan ist.

*Der Angeklagte betritt den Saal, dicht
gefolgt vom Tod*

Angeklagter:
Ich bin so weit.
Lasst uns mit der Verhandlung fortfahren, bitte.

Richter:
So soll es sein.
Bitte setzen Sie sich, Herr Angeklagter.

Der Angeklagte, der Tod und der Teufel setzen sich auf ihre Plätze

Richter:
Ich habe Sie gebeten, diesem Gericht Ihre Geschichte vorzutragen. Bevor Sie jedoch damit beginnen, möchte ich allen hier Anwesenden eine wichtige Frage stellen.

Teufel:
Aber ich brenne bereits darauf, seine Geschichte endlich zu hören.

Richter:
Geduldet Euch, Teufel. Früh genug sollt Ihr sie noch hören, falls es überhaupt dazu kommen muss.

Justitia:
Was meint Ihr mit falls, Euer Ehren?

Richter:
Ich habe in der Pause sehr ausgiebig über unsere Situation nachgedacht.

Teufel:
Ich vermute fast, Ihr wart nicht der Einzige.

Madame Justitia blickt den Teufel strafend an

Richter:
Was mir ebenso klar ist wie die Pflicht, uns hier und jetzt für einen Weg zu entscheiden.
Das Urteil, welches dieses Gericht heute fällt, wird entscheidend sein. Vielleicht bedeutet es sogar unseren Untergang. Doch frage ich mich: Müssen wir denn ein solch schwerwiegendes fällen?
Wenn wir nun Gottes Gesetz genau befolgen und den Angeklagten in die Hölle schicken, obschon wir wissen, dass er dies nicht verdient, könnten wir alle weitermachen wie bisher. Die Welt könnte weiterbestehen und der Angeklagte bekäme jenes Urteil, welches er sich schon am Anfang der Verhandlung gewünscht hat.

Justitia:
Was?

Teufel:
Ich hoffe, das was Ihr jetzt sagtet, war bloße Einbildung. Ansonsten beschämte mich das Gehörte zutiefst.

Richter:
Der Angeklagte hatte es sich aber so gewünscht. Und gerade vom Herrn der Hölle hätte ich mir etwas Freude über diese Idee erwartet.

Angeklagter:
Und falls ich meine Meinung geändert haben
sollte?

Richter:
Da Sie mir ausdrücklich erklärt haben, Sie
hätten ein schlechtes Gewissen, kann ich
eine Meinungsänderung nicht akzeptieren.

Justitia:
Hört auf damit!
Habt Ihr Euch vergessen, Euer Ehren?
Für die Gerechtigkeit sollt Ihr arbeiten.
Selbst wenn diese Entscheidung den
Untergang bedeuten könnte, sollte dennoch
jeder Sachverhalt genauestens geprüft
werden.

Richter: (*schreit*)
Auch wir gehen unter, falls die Welt dies
tun sollte!

Der Tod springt von seinem Platz auf

Tod:
Genug!
Lasst blos uns nicht verzagen,
nicht jetzt,
da die Stunde Null geschlagen.
Heute kann er kommen,
der Abend aller Tage.
Doch lasst ihn erst mal kommen,
er steht mitnichten außer Frage.

Nicht Ihr, Euer Ehren,
werdet diesen Tag verwehren.

Durchaus zwar versteh' ich Eure Bedenken,
doch lasst der Unendlichkeit uns Glauben
schenken.

Habe schon so viel gesehn,
schon einiges durchaus geschehn.
Der Moment mag kommen,
da alles endet,
es gibt kein Entkommen,
alles verendet.

Heut' kam er dann.
Der Tag,
an dem sich vieles ändern mag.

Das Gewissen ist beschmutzt,
doch die Taten waren rein.
Lasst dies nicht der Gerechtigkeit Ende
sein.

Angst habt Ihr vorm Untergang,
doch dieser eine letzte Gang,
kommt bestimmt,
ob früh, ob spät,
wir ernten nur, was einst gesät.

Doch jener Wille,
den Lauf zu ändern
Euch selbst sollt hol'n
in des Teufels Ländern.

Dies zu tun, tätet Ihr gern,
wärt Ihr doch selbst des Pudels Kern.

Der Mensch oft Neues zu Wege gebracht,
wenn auch oft recht unbedacht,
immer die Angst überwindend,
das Alte nur endlich stets an sich bindend.

Fortschritt kam stets nur durch jene,
die zerschnitten der Sicherheit Vene.
die sich durchgerungen, es zu wagen,
Sack und Pack auf holprigem Wagen.

So fahret fort,
hört es Euch an,
was er Euch sagt,
der edle, einfache Mann.

Und lasst mich noch sagen der Dinge zwei:

Auf dass die Furcht uns nicht entzwei
und dass der Gerechtigkeit Hammer uns
befrei.

Der Tod setzt sich wieder. Bedächtige
Stille

Angeklagter:
Es gab eine Zeit.

Justitia:
Was meinen Sie?

Angeklagter:
Es gab eine Zeit.

Richter:
(*gereizt*) Deutlicher!
(*ruhiger*) Bitte.

Justitia:
Wofür hat jene Zeit gestanden.
Etwas Besonderes?

Angeklagter:
Wohl wahr.
Es gab eine Zeit, in welcher ich beinahe
meine Hoffnung verlor. Weit bevor ich
diese gänzlich aufgab.

Richter:
Aber damals gaben Sie sie nicht auf.

Teufel:
Genauso wenig, wie wir dies heute tun
sollten.

Justitia:
Es soll geschehen, wie es muss.

Richter:
Ich möchte sie hören.
Diese Geschichte.

Angeklagter:
Und ich bin bereit zu erzählen.

Teufel:
Nun fangt schon an.

Justitia:
Bitte.
Erzählt.

Angeklagter:
Ich wachte eines Tages auf.
In jener Nacht war etwas geschehen.
Etwas ließ mich Verzweiflung spüren.
An jenem Tag hatte mich die Depression schwer in ihren Fängen. Ich hatte Lust, mir selbst das Leben zu nehmen, egal wie. Hautsache es würde schnell gehen. Doch irgendwo gab es etwas, das mich hinderte, dies zu tun.

Justitia:
Was war es?
Was machte euch das Leben zu einer solchen Qual, dass Sie es beenden wollten?

Angeklagter:
Ich hatte mich verliebt.

Teufel:
In der Tat!
Auch mir hätte das die Kräfte geraubt!

Richter:
Bitte, Teufel.
Haltet Eure Weisheiten doch wenigstens dieses eine Mal in Zaum.

Angeklagter:
Aber er hat Recht.
Liebe ist masochistisch. Dennoch ist es der einzige Zustand, den nur belächelt, wer ihn nicht erlebt.
Ich wusste damals, dass meine Liebe nicht erwidert werden konnte. Es gab zu viele Dinge, die nicht zusammenpassten.

Jedoch wusste ich an jenem Morgen nicht mehr, wer ich war. Ich war meiner selbst nicht mehr Herr.
Dieses Gefühl, diese grauenhafte Mixtur aus Eifersucht, Selbsthass und unglücklicher Liebe.
Falls es die Hölle als Gefühl gäbe, so hätte ich sie damals durchlebt.

Teufel:
Verzeiht.

Angeklagter:
Nicht nötig.
Ich brauchte es. Hätte ich damals nicht so gefühlt, hätte ich nicht gewusst, wie schön es ist, dieses Gefühl verfliegen zu sehen.

Justitia:
Aber was war nun mit jener Maid?

Angeklagter:
Nun, sie wusste, wie ich fühle.
Doch es kam, wie es kommen musste.
Sie fand jemand anderen.
Und zu direkt war der Weg, auf dem ich es erfuhr.

Justitia:
Warum drangen Sie nicht auf sie ein?
Warum zeigten Sie ihr nicht Ihre Gefühle?

Angeklagter:
Es war, wie ich es sagte.
Es hätte niemals funktionieren können, so
ließ ich Ihr das, was sie sich wünschte.
Es war allein ihre Entscheidung. Ich hatte
niemals Einfluss darauf.

Teufel:
Und Sie fanden Ihre Hoffnung wieder.

Justitia:
Wie?

Richter:
Die Zeit heilt alle Wunden.

Justitia:
Nicht die, welche die Liebe hinterlässt.

Teufel:
Und mir entriss man dieses Werkzeug!

Der Richter blickt den Teufel tadelnd an

Angeklagter:
Ich fand Seelenheil. Ich fand es dort, wo
ich es am allerwenigsten erwartet hätte.

Richter:
Wo?

Teufel:
Ich glaube, das ist eindeutig.

Richter:
(*sarkastisch*) Ach, wirklich?
So erleuchtet uns doch.

Teufel:
In der Kirche?

Justitia:
Jetzt wir es langsam zu viel, Teufel.

Angeklagter:
Er hat Recht.

Justitia und der Richter schauen den Angeklagten unschlüssig an

Angeklagter:
Ich ging in die Kirche.
Ein Reflex, den ich meinen Eltern zu verdanken hatte. Ich dachte nie, dass er sich einst für nützlich erweisen könnte, doch das tat er.
Ich betete. Allein. Die Kirche war leer, so konnte ich besser meinen eigenen Gedanken nachgehen. Doch bald hörte ich Schritte. Ein Priester setzte sich neben mich.
Wir saßen.
Beide gaben wir für lange Zeit keinen Laut von uns, aber ich wusste, der Geistliche hatte etwas in mir gespürt. Er wartete nur darauf, dass ich es auch sagen würde.

Der Angeklagte hält einen Moment lang inne

Angeklagter:
Gott solle mir ein Zeichen senden.
Das war, was ich sagte.
Er lächelte mich an.
In diesem Moment hatte ich einen besonderen Menschen vor mir. Das fühlte ich. Ich werde niemals die Wärme vergessen, die in seinem Lächeln steckte. Und auf ein Mal fing ich an zu erzählen. Als ich geendet hatte, hatte er noch nicht ein Wort zu mir gesprochen. Dennoch vertraute ich ihm meine tiefsten Wünsche und Geheimnisse an.

Richter:
Und was gab Ihnen die Hoffnung schließlich zurück?

Angeklagter:
„Gott soll dir ein Zeichen senden?"
Jene eine Frage stellte er mir damals.
Mir keines zu senden, wäre das beste Zeichen, welches Gott mir nur irgend geben könne.
Ich verstand ihn nicht. Doch erzählte er mir eine Geschichte, nach der ich dann mein restliches Leben richtete.

Justitia:
Welche?

Teufel:
Nun endlich wird es aufregend. Erzählen Sie.

Angeklagter:
Es waren einst drei Brüder. Sie sollten alleine in die Welt ziehen, um diese kennen zu lernen und zu besiedeln. Sie waren allesamt dreist und unerfahren, daher hatte ihr Vater große Schwierigkeiten, sie auf ihren Weg vorzubereiten. So fasste er einen Entschluss.
Jedem seiner Söhne gab er eine Schatulle, in der ein Feuer brannte, welches niemals erlischt.
Zum ersten Sohn sprach er:
„Dies ist Feuer. Es verzehrt und vernichtet alles, worauf es trifft. Feuer tötet und bringt Leid. Der Mensch muss das Feuer fürchten und vorsichtig damit umgehen."
Mit diesen Worten sandte er ihn aus, die Erde zu besiedeln.
Dann rief er den zweiten Sohn und sprach:
„Dies ist Feuer. Es spendet Wärme und Sicherheit. Es beschützt vor wilden Tieren und kann dennoch leicht kontrolliert werden. Der Mensch muss das Feuer verehren, denn es brät seine Mahlzeiten und schenkt ihm Licht."
Mit diesen Worten sandte er ihn aus, die Erde zu besiedeln.
Schließlich nahm er den dritten Sohn beiseite und sprach:
„Dies ist Feuer."
Mit diesen Worten sandte er auch ihn aus, die Erde zu besiedeln.

Tod:
Verheerend!
Selbiges hörte ich schon ein and'res Mal,
mit Söhnen, einen Ring verehrend.
Was nun geschieht ist allzu klar, doch
erzählt Ihr,
legt es uns dar.

Justitia:
Genau!
Nur weiter. Nur weiter.

Angeklagter:
Der Vater war sich nun sicher, richtig
gehandelt zu haben, denn mindestens einer
der Söhne müsste ihn richtig verstanden
haben.
So ergab es sich schließlich auch.
Der erste Sohn ging Richtung Norden, um
dort eine Siedlung zu gründen. Jedoch
fürchtete er nicht nur das Feuer, seine
Angst wurde auch noch durch die eine oder
andere Verbrennung bestärkt. So kam es,
dass er jegliches Feuer in seiner Siedlung
verbot, um Unfällen vorzubeugen.
Bald waren all jene, die in seiner
Siedlung lebten, sowie er selbst, erfroren.
Der zweite Sohn ging nach Süden.
Auch er gründete ein Dorf. Jedoch wurde in
seinem das Feuer als eine Art Gott verehrt
und die Leute feierten ausgelassene Feste
zu Ehren eben jenen Feuers.
Bald waren all jene, die in seinem Dorf
lebten, von den Flammen verschlungen
worden.

Der dritte Sohn jedoch blieb in der Nähe seiner Heimat und lebte als Einsiedler in einer kleinen Hütte nahe einem Wäldchen.
Er experimentierte mit dem Feuer, welches sein Vater ihm geschenkt hatte. Er briet sich seine Nahrung und hielt sich warm. Er verbrannte sich und musste auch seine Hütte mehrmals neu errichten.
Er entwickelte Respekt für das Feuer.
Die Leute sahen, wie gut es ihm ging, da wo er lebte und nach und nach zogen sie in seine Nähe.
So entstand erst ein kleiner Ort, der sich schnell in eine große Stadt verwandelte.
Und so war es jener Sohn, dem der Vater nichts gesagt hatte, der die Welt besiedeln konnte.
Warum?
Er hatte das getan, was er für sich selbst als richtig erachtete. Ohne jemals die Meinung eines anderen gehört zu haben.

Richter:
Doch wo bezieht sich diese Mär auf eine unglückliche Liebe?

Angeklagter:
Als der Priester dann gegangen war, dachte ich lange über die Bedeutung seiner Geschichte nach. Was ich dabei erkannt habe, ist eine einfache Wahrheit. Eine Wahrheit, nach der ich seither lebe.
Eine Wahrheit, die mich dazu brachte, mein Leben auszukosten und es zu leben wie es kam.

Teufel:
Welche?

Angeklagter:
Richtig ist, was man selbst für richtig
erachtet. Jedoch das Richtige zu finden
ist nicht leicht. Und Respekt findet man
nur, wenn man sich auch hin und wieder
verbrennt.
Ich hatte mich verbrannt, die Narbe sollte
mich Respekt lehren. Doch nur auf diesem
Weg konnte ich der Wahrheit näher kommen.
Nur auf diesem Weg konnte ich erkennen,
was richtig ist.

Justitia:
Aber warum fanden Sie in jener
schicksalhaften Zeit keine Hoffnung, die
noch heute Ihr Gewissen schwer macht?

Angeklagter:
Ich erzählte mir die Geschichte selbst.
Oft.
Sehr oft.
Noch vor jener Zeit.
Doch mit einer Geschichte verhält es sich,
wie mit einem Witz.

Teufel:
Zu oft erzählt verliert sie an Wirkung.

Angeklagter:
Genau.
Doch war damals auch die
Hoffnungslosigkeit größer als an jenem
Tage, an dem mir die Geschichte das erste
Mal erzählt wurde.

Richter:
Sie reden viel über diese Zeit. Jedoch wissen wir alle noch immer nicht, was damals geschah.
Nun?

Justitia:
Erzählen Sie.
Entscheidend ist auch diese Geschichte. Auch sie wird unsere Entscheidung beeinflussen.

Angeklagter:
Also gut.
Ich möchte an dem Tag beginnen, an dem ich meiner zukünftigen Frau das erste Mal begegnete.

Teufel:
Haltet einen Moment ein.

Richter:
Was ist nun wieder?

Teufel:
Sie fanden Ihre Hoffnung wieder. An jenem Tag beschlossen Sie zu leben. Ich möchte hören, wie Sie gelebt haben.
Die Wahrheit, die in dieser Geschichte steckt, brachte Sie dazu richtig zu leben, das sagten Sie selbst.
Was also war es, das Sie als richtiges Leben bezeichnen?

Angeklagter:
Dies erzähle ich fast noch lieber als den folgenden Abschnitt meines Lebens.
Ich habe alles nachgeholt.
Ich habe nichts ausgelassen.
Ich habe alles ausprobiert.
Ich habe nichts gefürchtet.

Justitia:
Was taten Sie zuerst.

Angeklagter:
Ich hatte meine Hoffnung wieder. Ich wollte mein Leben wieder aufnehmen, nicht beenden, wie ich es wenig zuvor noch wollte.
Also sprang ich nur wenig Tage darauf von einer Klippe.

Richter:
Ich glaube ich verstehe nicht so ganz.

Angeklagter:
Es war eine Initiation für mein neues Leben.
Ich hatte von einem Indianerstamm gehört, der im südamerikanischen Urwald lebt. Jeder junge Mann, der als Mitglied der Gesellschaft anerkannt werden will, muss mit einem Seil um die Hüfte in eine tiefe Schlucht springen. Dann sind diese jungen Männer erwachsen und reif für das wahre Leben.

So entschied ich, diesem Ritus nachzukommen, um mich selbst zu initiieren. Dieser eine Moment, dieser Augenblick der absoluten Freiheit ist kaum zu beschreiben. Im freien Fall erst merkt man, dass auch das Leben nichts anderes ist, als ein Sprung ins Ungewisse. Man muss nur darauf vertrauen, rechtzeitig aufgefangen zu werden. Je größer dieses Vertrauen, desto dicker das Seil, welches man um die Beine gebunden hat.

Richter:
Also lebten Sie seit damals ein Leben der Extreme.

Angeklagter:
Größtenteils ja.
Ja.
Dieses Wort war es.
Ja.
Dieses Wort hat mich verändert.
Ja.
Zu oft habe ich in meiner Jugend Nein gesagt.
Ja.
Ja war seit damals meine Antwort zum Leben. Und wenn man dem Leben mit Ja antwortet, so bekommt man ein Ja zurück.

Richter:
Ja?

Angeklagter:
Ja.

Justitia:
Nein.

Angeklagter:
Doch.
Ich habe einfach immer Ja gesagt. Nach einem Monat hatte ich so viel erlebt wie in meinem restlichen Leben.

Teufel:
Wer Ja sagt begeht auch Sünden.

Angeklagter:
Keine, die ich lange bereut hätte.
Ich habe mich dem Rausch hingegeben, Geschwindigkeit genossen, im Laster geschwelgt, der Stille gelauscht, Lebensgefühl gekostet, Liebe getrunken wie ein Verdurstender und stoisch jeden Schmerz ertragen.
Doch nie hätte ich etwas davon bereut.
Aber schließlich gipfelte alles Hingeben, alles Genießen, alles Schwelgen, alles Lauschen, alles Kosten, alles Trinken und alles Ertragen in einer einzigen Begegnung.

Justitia:
Ihre Frau.
Der Grund Ihres schlechten Gewissens am Ende Ihres Lebens.
Wo war es?
Wo haben Sie sie getroffen?

Angeklagter:
Es war abends.
Ein milder Sommerabend.
Ich hatte den Tag genossen, wie ich damals jeden Tag genossen hatte. Ich saß an einem Strand. Ein Strand aus goldenem Sand. Das Meer vor mir wogte in einem unbeschreiblich schönen Ton aus Blau und Grün. Ich vermag es kaum zu beschreiben. Die Sonne tauchte vor mir als roter Ball in den Ozean. Neben mir stand ein Korb gefüllt mit exotischen Früchten. Man brachte mir erfrischende Getränke. In der Ferne hörte ich den Gesang bunter Vögel. Gäbe es einen perfekten Augenblick, wäre dieser vor Neid erblasst neben der Vollkommenheit dieses Sonnenunterganges.

Richter:
Und dort haben Sie sie getroffen?

Angeklagter:
Nein.
Es gibt perfekte Augenblicke, doch noch nie wurde eine Beziehung fürs Leben in einem solchen eingegangen.
Vielmehr war es ein Unfall. Ich saß noch lange da, nachdem die Sonne untergegangen war. Als es schon dunkel war, brach ich schließlich auf. Ich wollte in die kleine Hütte, die ich mir nahe dem Stand gemietet hatte. Ich hatte mich gänzlich dem Rausch meiner Gefühle hingegeben. Das Glück sprudelte in mir.
Falls es den Himmel als Gefühl gäbe, so hätte ich ihn damals durchlebt.

Teufel:
Kommen Sie endlich zum Punkt.
Noch mehr davon und es wird kitschig.

Justitia:
Still, Teufel!
Weiter, erzählen Sie weiter!

Angeklagter:
Ich achtete nicht auf meinen Weg und stieß
mit einer Frau zusammen.
Ich hatte sie nicht bemerkt und sie musste
in Eile gewesen sein, auf jeden Fall aber
lagen wir beide ausgestreckt auf dem Boden.
Ich richtete mich auf.
Sie saß auf dem Boden und sah mich an.
Ich blickte zurück.
Unsere Blicke trafen sich.
Noch nie hatte ich solche Augen gesehen.
Sie bargen eine beinahe unheimliche Tiefe
in sich. Sie strahlten Wärme aus. Sie
funkelten vor lauter Energie. Sie
bezeugten eine unglaubliche Weisheit.
Sie erinnerten mich an einen Bergsee. Ein
Glitzern wie von Kristallen ging von ihnen
aus.
Außerdem aber bemerkte ich, dass diese
perfekten Augen mich verärgert aus ihren
Höhlen anfunkelten.
Die Frau murmelte etwas, stand auf und
hastete davon. Scheinbar war sie über
unseren Zusammenprall nicht sehr glücklich
gewesen.
Doch ich war ihr schon nach diesem ersten
Blick in ihre Augen verfallen.

Justitia:
Sie ist gegangen?
Sind Sie hinterher geeilt?

Angeklagter:
Ich war wie gelähmt.
Sie war weit weg, als ich mich wieder
bewegen konnte.

Richter:
Dennoch wurde sie Ihre Frau.

Angeklagter:
Wenn ein Mann einer Frau so verfallen ist,
wie ich es damals war, so gibt er nicht
einfach auf.
Ich brauchte eine Woche, bis ich sie
wieder fand. Und sieben Monate, bis es mir
gelang, sie für mich zu gewinnen.

Teufel:
Sieben Monate sind eine lange Zeit.
Justitia:
Selten sind jene, die so lange durchhalten.
Groß muss Ihre Liebe gewesen sein.

Angeklagter:
Unermesslich.

Richter:
Hatten Sie keine Bedenken, Ihre Bemühungen
könnten umsonst sein?

Angeklagter:
Natürlich hatte ich Bedenken.
Mehrmals.

Doch alles, was zu erreichen man versucht, kann nur erreicht werden, wenn man auch dafür kämpft.

Teufel:
Wer kämpft, kann verlieren.

Angeklagter:
Wer nicht kämpft, der hat bereits verloren.

Bedächtige Stille

Richter:
Was aber war es, das Ihrer Frau schließlich geschah?
Was war es, das Sie zum Aufgeben bewegte?

Angeklagter:
Ich heiratete jene Frau bald danach.
Ich liebte sie.
Wir hatten vier Kinder.
Auch diese liebte ich.
Ich hatte die perfekte Familie.
Ich war glücklich.
Ich hatte die Balance gefunden, welche meinem Leben zuvor immer gefehlt hatte.
Doch um diese Balance zu fühlen, muss man hin und wieder aus dem Gleichgewicht kommen.
Es war nichts Ernstes.
Eine Lappalie.
Dennoch gab es Streit.
Noch heute kann ich die Spannung fühlen, die meine gesamte Familie damals umgab.
Eine Lappalie.

Der Angeklagte hält sich die Hände vors
Gesicht und schluchzt

Angeklagter:
Eine Lappalie.
Ich war gegangen.
Ich brauchte Ruhe.
Ich wollte sie alle gerade nicht sehen.
Als ich zurückkam war das Haus verwüstet.
Meine Frau.
Meine Kinder.
Alle lagen sie da.
Tot.
Alles Wertvolle war aus dem Haus geräumt
worden.
Ich war nicht da gewesen, es zu verhindern.
Alle tot.
Unwiderruflich tot.
(Flüsternd) Eine Lappalie.

Justitia:
Ein Überfall?

Angeklagter:
Das Ende.

Richter:
Und Sie gaben sich selbst die Schuld am
Überfall?

Tod:
Es war niemals des Raubes wegen,
dies zu glauben wäre verwegen.
Der Streit der ist an allem schuld,
eine Lappalie stahl im die Geduld.

Angeklagter:
Ihr habt richtig verstanden, Gevatter.

Justitia:
Das also war es.
Ihr restliches Leben konnten Sie sich nicht verzeihen dass Sie den Streit damals nicht als irrelevant abtun konnten.

Richter:
Was taten Sie?

Angeklagter:
Ich versuchte mich in den Glauben zu retten.
Ich meditierte.
Ich betete.
Ich rezitierte.
Ich studierte.
Doch keine Schrift, kein Gebet oder irgendeine Zeremonie zeigten irgendeine Wirkung. Es gab nichts, was der Geschichte der drei Brüder gleichkam, doch diese hatte ihre Wirkung bereits verloren.
Ich lebte nur noch in der Hoffnung, irgendjemand würde dieses jämmerliche Dahinsiechen beenden, in das sich mein Leben gewandelt hatte.

Richter:
Doch gab es auch in jener Zeit keine Tat, welche es erforderte, in die Hölle zu kommen,
um die Ewigkeit unter Qualen zu erleben.

Angeklagter:
Nein.
Eine solche Tat gab es nicht.

Teufel:
Und was nun, Euer Ehren?

Richter:
Jetzt wird es Zeit, ein Urteil zu fällen.
Angeklagter. Wartet hier. Ich werde mich mit den übrigen Anwesenden zu einer abschließenden Beratung zurückziehen.

Alle Lichter gehen aus. Es wird stockfinster

Richter:
Bald schon wird das Urteil fallen.
Vielleicht das letzte, welches ich je fällen werde können.

Szenenende

Szene 5:
Ein Korridor. Der Richter mit dem Teufel, Madame Justitia mit dem Tod auf und ab gehend

Der Richter und der Teufel

Richter:
Wie soll ich entscheiden?
Der Angeklagte mag ein schlechtes Gewissen haben, doch nach allem was wir jetzt gehört haben, muss ich ihn wohl in den Himmel verweisen.

Teufel:
Ich bin mir nicht sicher, was Ihr hören wollt, Euer Ehren. Schließlich wurde alles gesagt, was zu hören von Belang war.

Richter:
Dennoch könnte es das Ende bedeuten.

Teufel:
Lauschtet Ihr denn nicht auch dem Tod, als dieser sich endlich einmal mit mehr als nur einem kurzen Satz äußerte?

Die Beiden gehen ab, Madame Justitia und der Tod kommen auf die Bühne

Justitia:
Die Gerechtigkeit im Namen zu tragen bin ich unwürdig geworden. Erstmals seit ich dem einen wahren Gott diene, hege ich Zweifel an eben dessen Gesetzen. Die heutige Entscheidung mag das Ende bedeuten, doch noch nie hatte es einen Fall gegeben,

der dem, über den wir heute urteilen, auch
nur nahe kommt.
Wie sollen wir entscheiden?
Ist es rechtens?
Sollen wir der Zukunft zuliebe ein Urteil
fällen, welches uns falsch erscheint?

Die beiden gehen ab, der Richter und der
Teufel kommen auf die Bühne

Teufel:
Dennoch verstehe ich nicht, was wir hier
tun. Diese Beratung ist unnütz. Die
Entscheidung sollte schon feststehen. Ihr
zögert nur das Unausweichliche hinaus.
Doch warum?
Fürchtet Ihr Euch?

Richter:
Furcht.
Dieses Wort ist mir seit jeher eher rar
begegnet.
Viel zu sicher war alles bisher. Der Ort,
an dem ich meine Urteile fällte und auch
die Gesetze, nach welchen ich dies tat.
Wie weit ist es nur gekommen?

Teufel:
Hattet Ihr nie damit gerechnet?
Glaubtet Ihr ernsthaft, es würde sich auf
ewig nichts ändern in diesen Gefilden?
Es gab auch eine Zeit vor Euch, die auch
zu funktionieren schien. Doch wisst Ihr
sehr genau, warum sich diese Welt damals
änderte.

Richter:
Natürlich hatte ich über so etwas nachgedacht. Schon oft und schon seit langem. Doch etwas anderes ist es, was mich überrascht.

Die beiden gehen ab, Madame Justitia und der Tod kommen auf die Bühne

Justitia:
Jedoch könnte sich auch alles zum Guten wenden. Ein Ende ist nicht unbedingt vorherbestimmt. Eine mögliche Konsequenz nichts weiter. Selbst wenn wir den Angeklagten heute in die Hölle schickten, wer weiß, wie lange der nächste schwere Fall auf sich warten lässt. Vielleicht hat das Universum uns eine Veränderung vorherbestimmt. Doch Gott sollte es doch sein, der eine solch schwerwiegende vornimmt. Stattdessen hat er sich mehr zurückgezogen denn je. Wenn nicht heute, dann wird der Tag der Entscheidung schon bald darauf folgen.

Die beiden gehen ab, der Richter und der Teufel kommen auf die Bühne

Richter:
Offen gesagt verspürte ich neben der Furcht heute noch etwas anderes. Lange schon hegte ich kleinere Zweifel am System. Ich dürfte dies nicht einmal denken, doch eine mögliche Veränderung rennt bei mir offene Türen ein. Aber was ist, wenn ich mit dieser Entscheidung falsch liege?

Was wenn ich damit das Ende allen Lebens, wie wir es kennen, herbeiführe? Die Existenz beende?

Teufel:
Endete das Leben heute, wer wäre danach da, es zu betrauern?

Richter:
Ihr habt absolut Recht, Teufel.
Und damit habt Ihr wahrscheinlich eine der bemerkenswertesten Tatsachen der heutigen Verhandlung bestätigt.
Der Teufel war es, der auf einer gerechten Entscheidung beharrte.
Der Teufel war es, der den Angeklagten anhörte und ihm sogar Mut machte.
Der Teufel war es, der auf eine Seele verzichtete, um eine Wendung zum Besseren heraufzubeschwören.
Damit sollte die Entscheidung stehen.

Die beiden gehen ab, Madame Justitia und der Tod kommen auf die Bühne

Justitia:
Es gibt kein Entkommen mehr. Heute soll der Tag sein. Die Anwesenheit des Teufels persönlich bestätigt die Reinheit der Seele des Angeklagten. Sogar der Tod ergriff eigens das Wort, die Entscheidung genau zu überdenken.

Der Richter und der Teufel kommen zu den Anderen

Richter:
Die Entscheidung ist gefallen.
So soll es sein und nicht anders.

Teufel:
So lasst uns die Entscheidung kundtun.

Alle Lichter gehen aus. Es wird stockfinster

Tod:
Bringen wir ihn zu der Pforte,
den Angeklagten,
zu jenem heil'gen Orte.
Dort werden wir sehen,
was sodann wird geschehen.
Die Ewigkeit wird sich verwandeln,
in Schatten oder Licht wir werden bald
wandeln.
Was die Zukunft uns bringt,
weiß niemand genau.
Doch schließlich macht der Versuch uns
schlussendlich erst schlau.

Szenenende

Szene 6:
Die Himmelspforte. Alle Protagonisten gehen langsam darauf zu

Richter:
Nun ist es so weit.
Angeklagter, hier liegt es an Ihnen, den Weg zu gehen, der für Sie vorherbestimmt ward. Schwer war es für uns, eine Entscheidung zu treffen.
Die richtige Entscheidung zu treffen.
Möge es auch so gewesen sein.

Angeklagter:
Doch was ist es nun?
Was wird geschehen, sobald ich diese Pforte hinter mir lasse?
Werde ich es auch wert gewesen sein?
Dieser Aufwand,
hat er sich gelohnt?
Was ist es, das ich auszulösen imstande wäre?

Teufel:
Es ist nun an der Zeit, offen zu sprechen.
Die Entscheidung ist ohnehin gefallen.
Heute wurde entschieden, dass Sie, Angeklagter, in den Himmel eingehen dürfen.
Sie.
Obwohl Ihr Gewissen nicht rein war, als Ihre sterbliche Hülle verging.
Was es ist, das Sie auszulösen imstande wären?

Der Richter hat heute eine Entscheidung gefällt, die gegen die Gesetze Gottes verstößt, und dennoch die Richtige ist.
Wissen Sie, was dies für die himmlische Ordnung bedeutet?
Heute haben wir bewiesen, dass Gott…

Justitia:
Sprecht es nicht aus!

Richter:
Machen wir uns nichts vor, Madame. Ob ausgesprochen oder nicht, es ist die Wahrheit.

Justitia:
Aber trotz allem bin ich mir nicht sicher, ob ich schon gewillt bin, diese Wahrheit auch zu hören.

Angeklagter:
Was ist sie nun?
Was für eine Wahrheit?

Tod:
Was Gott sich immer vorbehielt.
Dass er immer Recht behielt.
Heute war es an der Zeit.
Gezeigt ihm seine Fehlbarkeit.

Angeklagter:
Darum dies alles.

Richter:
Genau darum.
Niemand weiß, was geschieht. Man könnte es
nicht einmal erahnen. Das einzige, was
immer zählte, war eben jene Unfehlbarkeit
Gottes. Diese wurde heute widerlegt, darum
fiel uns die Entscheidung so schwer.

Teufel:
Und darum war ich es, der Sie unterstützte.
Die Unfehlbarkeit Gottes sperrte mich in
ein Gefängnis, über welches zu herrschen
wörtlich Hölle ist.

Justitia:
Heute könnte die Welt untergehen und alles,
was wir kennen, aufhören zu existieren.
Es könnte jedoch auch sein, dass es
lediglich zu einer Umschichtung kommt, die
einige Ungerechtigkeiten abschaffen wird,
jedoch vielleicht auch Schlechtes schafft.

Angeklagter:
Aber was auch immer geschieht, die Zeit
ist reif dafür.

Richter:
Exakt.

Angeklagter:
Wieso ist dann noch nichts geschehen?

Richter:
Sie müssen noch die Himmelspforte
durchschreiten, um unsere Entscheidung zu
untermauern. Erst dann ist es soweit.

Angeklagter:
Worauf warten wir dann noch?
Lasst Sie nur kommen. Die Unendlichkeit.

Teufel:
Halt.
Bevor Sie gehen, lassen Sie mich sagen,
dass es eine Ehre war, Sie kennen zu
lernen. Ich bin mir sicher, ich spreche
für alle hier. Wir konnten viel Neues
lernen, uns an Vergessenes erinnern und
einige Abgründe in uns entdecken. Und
danke, dass Sie eine Änderung bringen. Zu
lange ließ diese bereits auf sich warten.

Tod:
Geht nun.
Ihr müsst Eure Bestimmung tun.

Der Angeklagte stellt sich vor die
Himmelspforte, atmet tief durch und
schreitet nach kurzem Zögern hindurch

Teufel:
Nun ist die Hoffnung auf ihrem Weg. Die
Hoffnung auf Besseres, als das
Vorhergegangene.

Justitia:
Was wird nun geschehen?

Richter:
Ich habe keine Ahnung.
Jedoch verlor ich meine Furcht bereits.
Egal was geschehen mag, wir alle sollten
frohlocken, dass etwas Neues kommt. Etwas
Besseres.

Teufel:
Eines aber wurde heute wieder bestätigt.

Justitia:
Was wäre das?

Teufel:
Egal was ein Mann erreicht in seinem Leben,
egal wie stark sein Charakter auch sein
mag, egal welche Ziele ein Mann hat, es
war stets ein- und dasselbe, was eine
große Seele zu brechen imstande war.

Justitia:
Teufel, ich bitte Euch. Hört endlich auf
in Rätseln zu sprechen.

Teufel:
Richter, wisst Ihr was ich meine?

Richter:
Nach all meinen Urteilen und meiner langen
Erfahrung kann das, was ihr meint nur
eines sein.

Justitia:
Erleuchtet uns.

Richter:
Eine Frau.

Teufel:
Und unser Mann wurde sogar zwei Mal gebrochen. Seine Seele muss tapfer gewesen sein. Schon zu Lebzeiten.

Helles Licht beginnt durch die Schlitze in der Himmelspforte zu dringen

Teufel:
Nun ist es so weit.

Justitia:
Was aber kommt jetzt?
Ein Ende? Oder ein Anfang?

Richter:
Egal was, lasst es uns willkommen heißen.

Die Himmelspforte springt nach außen auf und durch sie strahlt ein Licht, so hell, dass man nichts mehr erkennen kann

Tod:
Was immer auch kommt,
niemand entkommt.
Wir sind bereit,
bald kommt die Zeit.

Ob Ende oder Neubeginn,
es ergäbe beides Sinn,
doch die Ewigkeit währt ewig.
Sei sie uns doch bitte gnädig.

Die Ordnung wurde geändert,
Die Welt ward heute uns verändert,
Gott war endlich fehlbar,
von heute an ist alles wahr.

Den Blick stets in der Zukunft,
Gutes wird folgen, seid nur gewahr.
Und falls es gibt keine Zukunft,
ist auch dies richtig, fürwahr.

Ende

Danksagung:

Dieses Buch entstand im Jahr 2011 und war das erste Werk, welches ich bis jetzt auch bis zu einem Ende führen konnte, jedoch auch nicht ganz ohne Hilfe.

Daher möchte ich mich an dieser Stelle bei zwei sehr besonderen Personen bedanken:

Zum einen bei meiner Deutschprofessorin, **Elisabeth Andratsch,** die mir viel von ihrer wertvollen Zeit geopfert hat, um mein Werk von den vielen kleinen Fehlern zu befreien, die sich beim Tippen so einschleichen

und zum anderen bei **Barbara Velik,** die als meine Religionslehrerin sehr viel Interesse an diesem Werk gezeigt hat und mir stets mit gutem Rat zur Seite gestanden hat.

Benjamin C. Frühbauer
Klagenfurt am 21.03.2012